Cette BD a été réalisé par:

____

____

Titre:

____

____

WOW

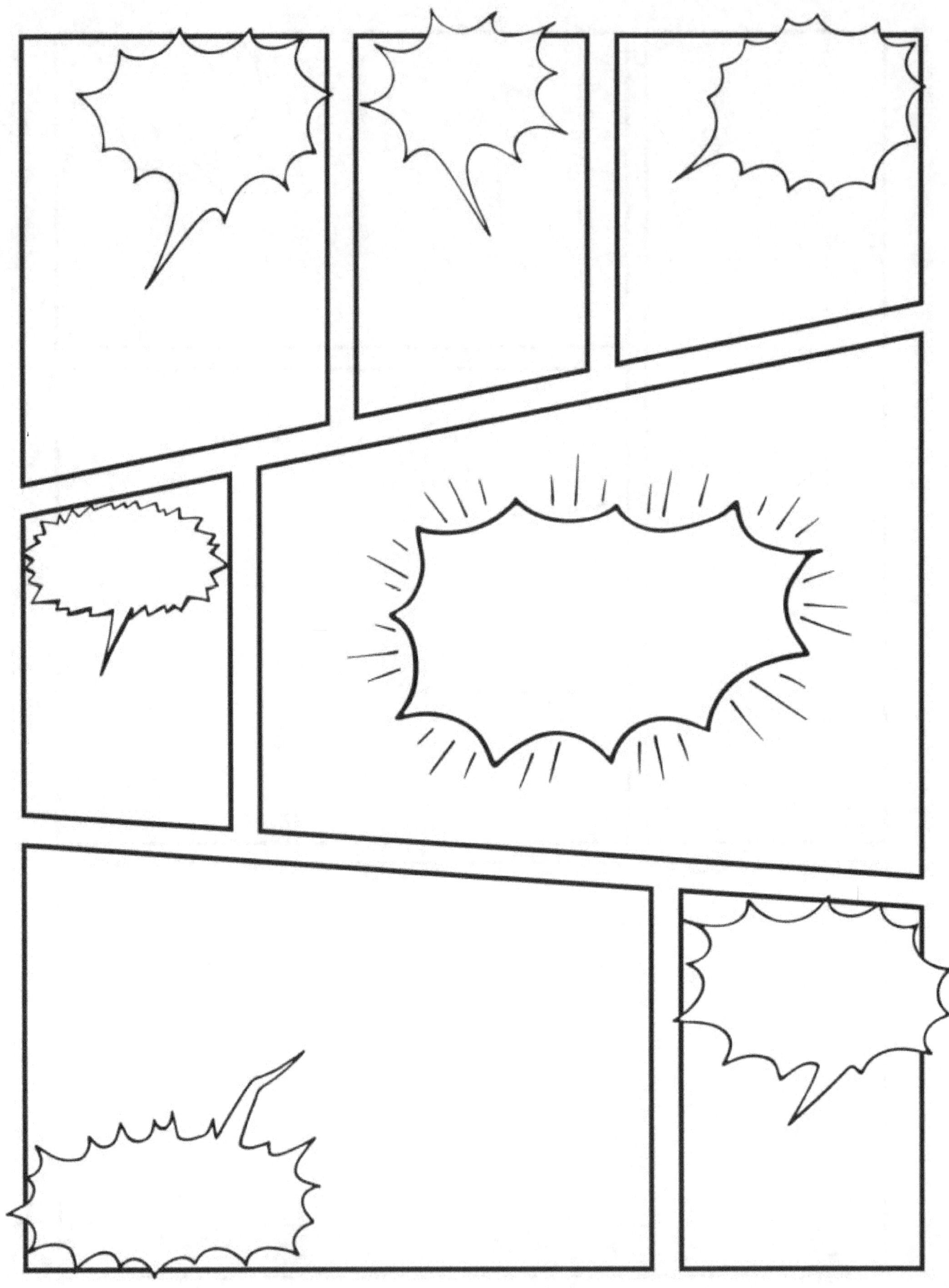

WOW!

?
BOOM

WOW

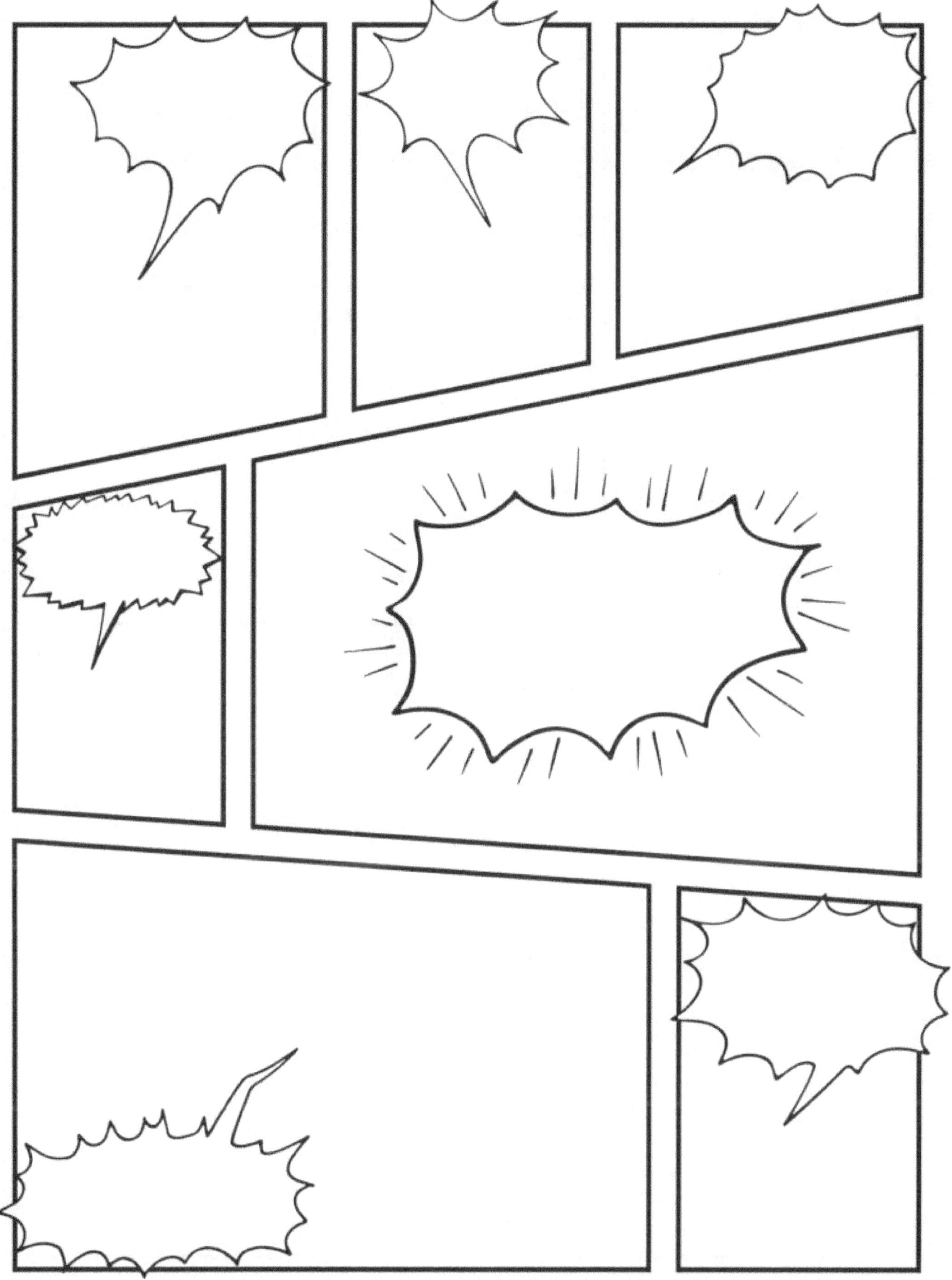

WOW!

BOOM

WOW

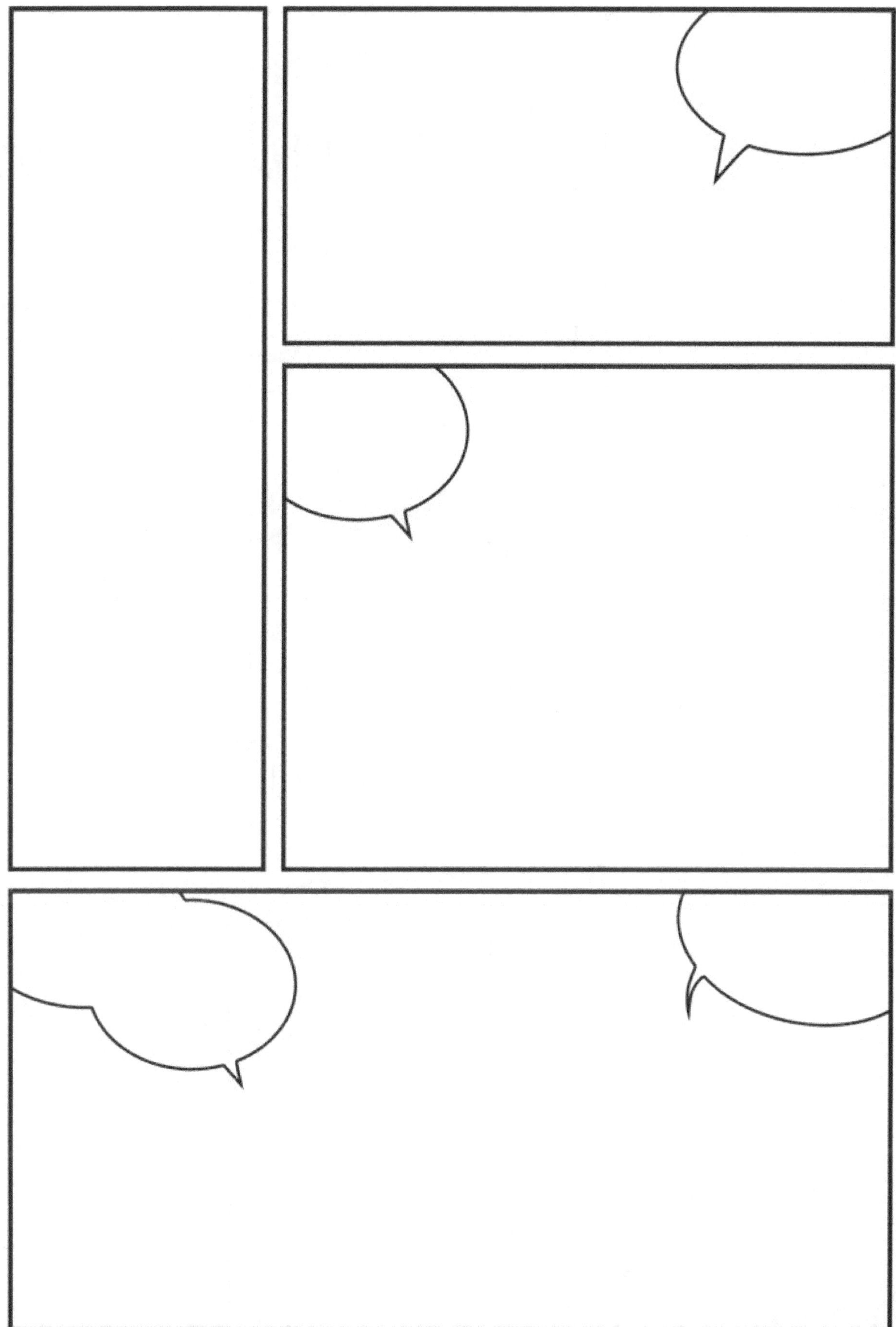

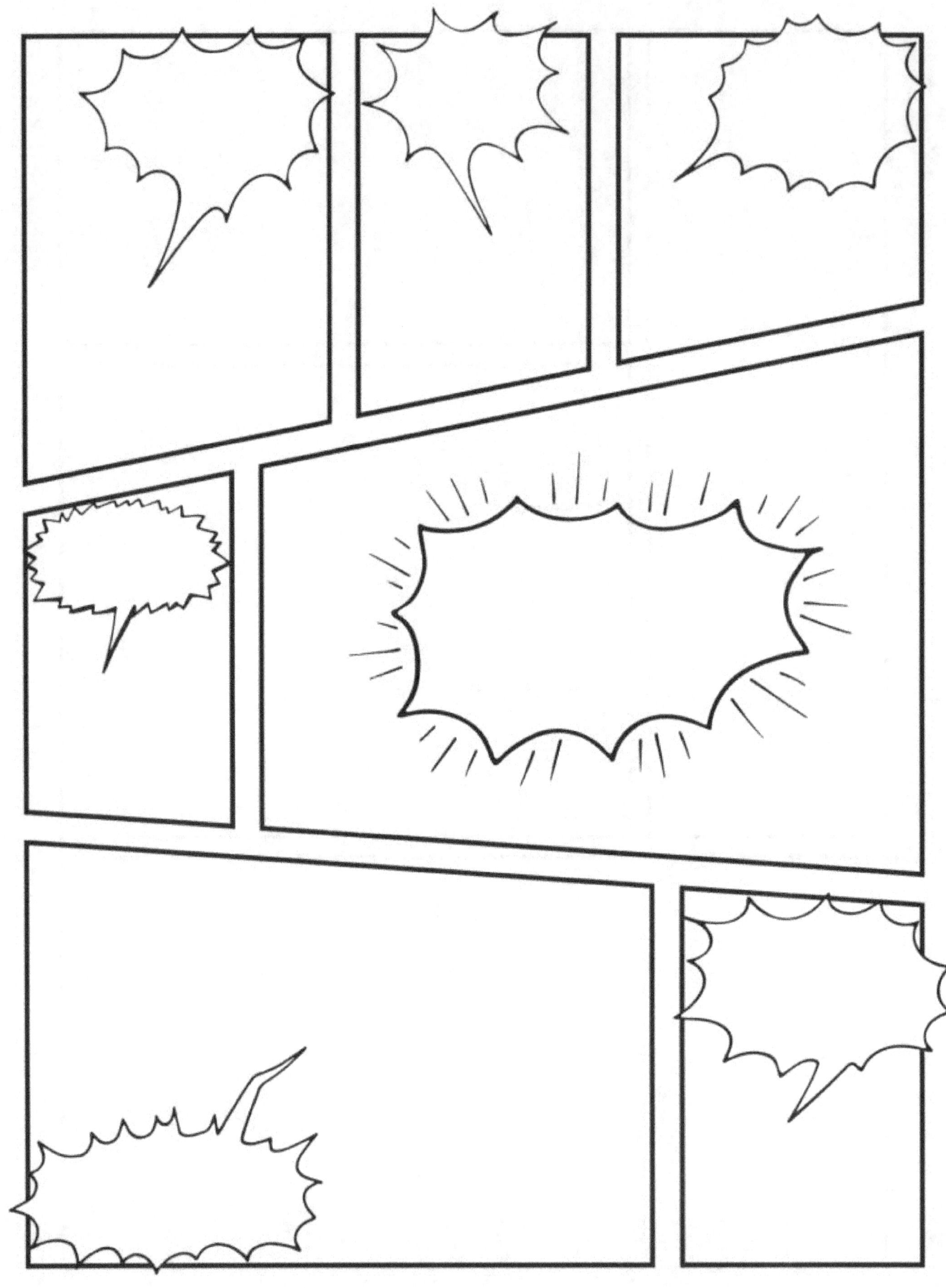

WOW!

?
BOOM

WOW

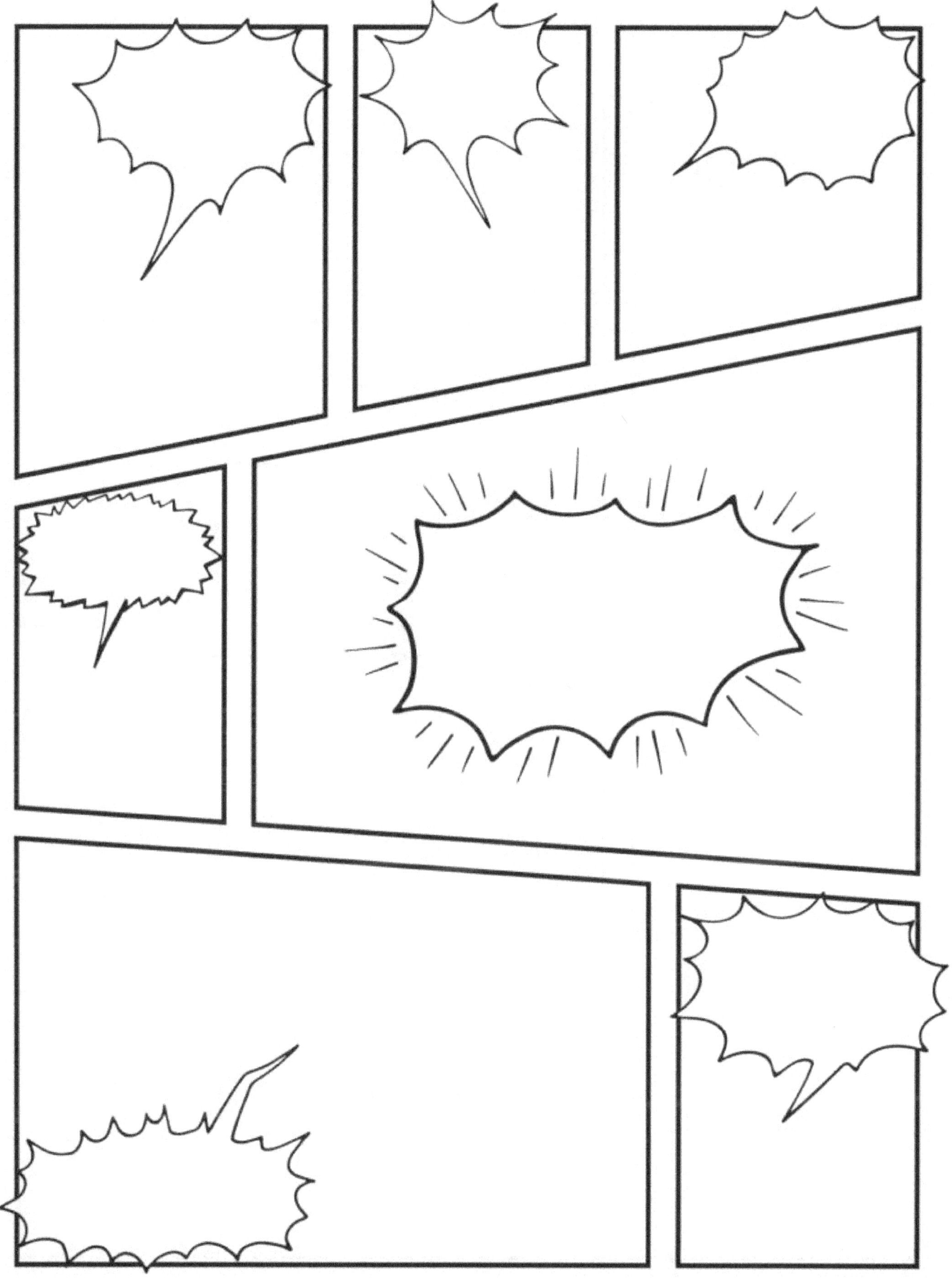

WOW!

?
BOOM

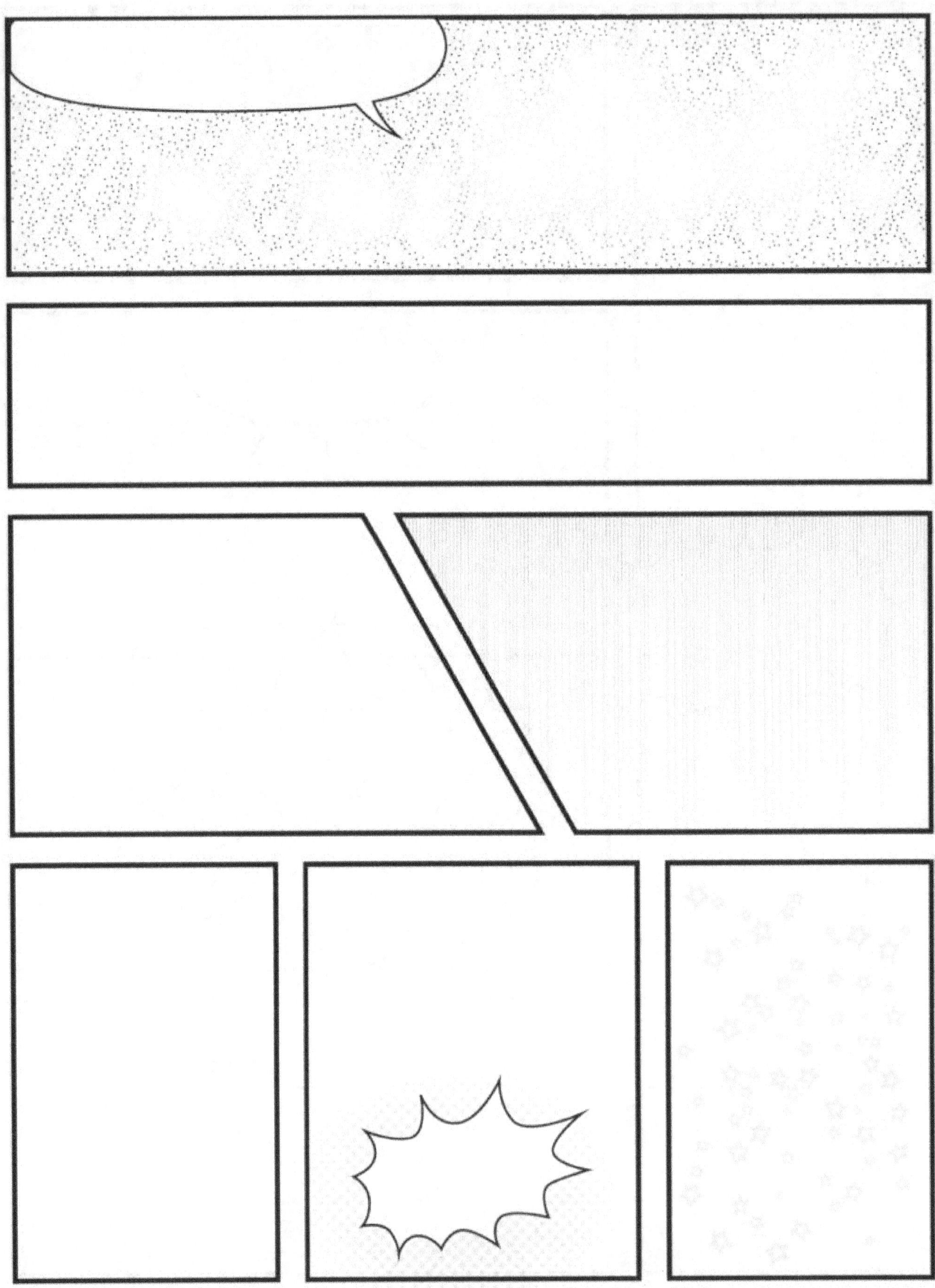

WOW

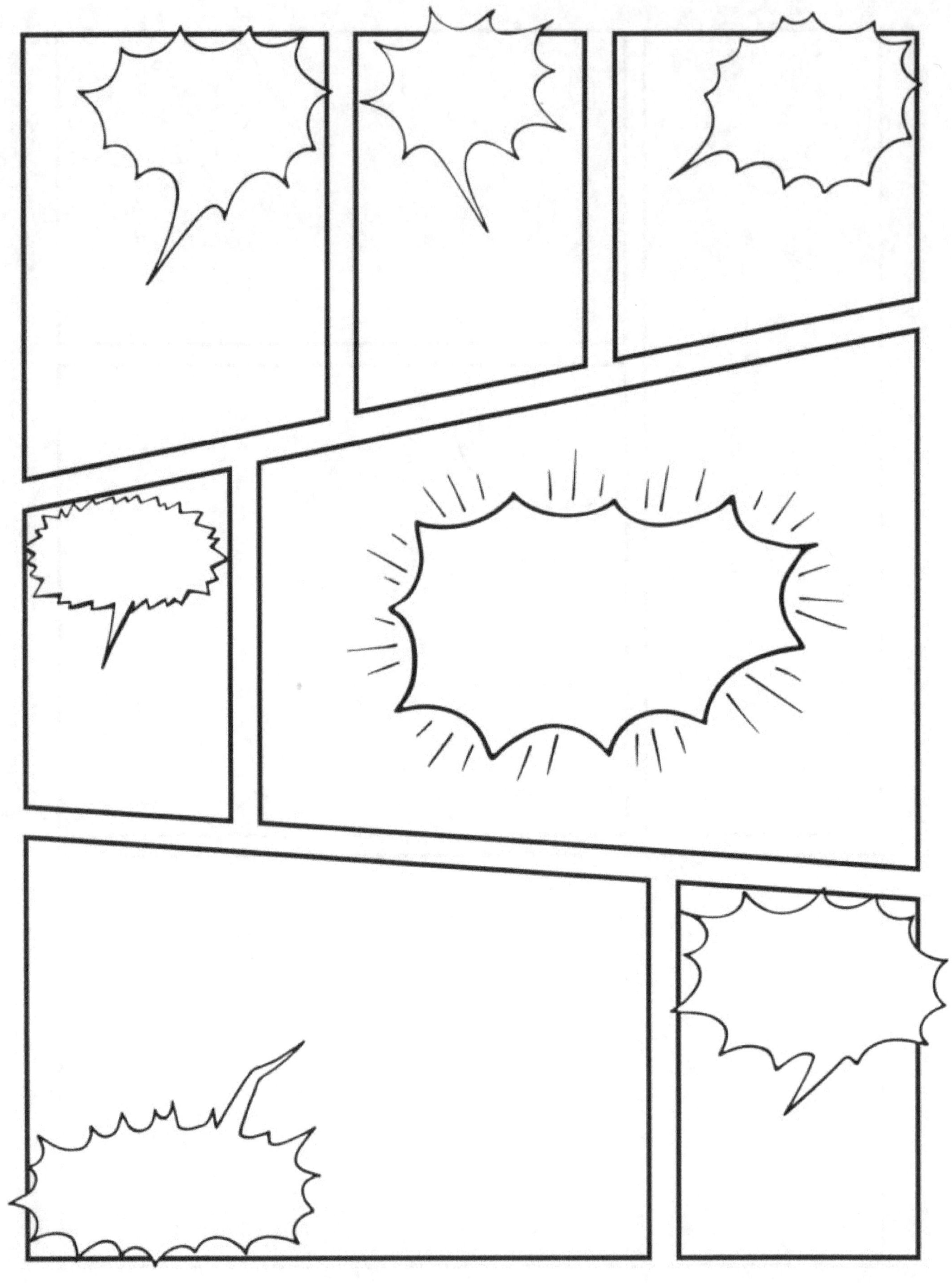

WOW!

?
BOOM

WOW

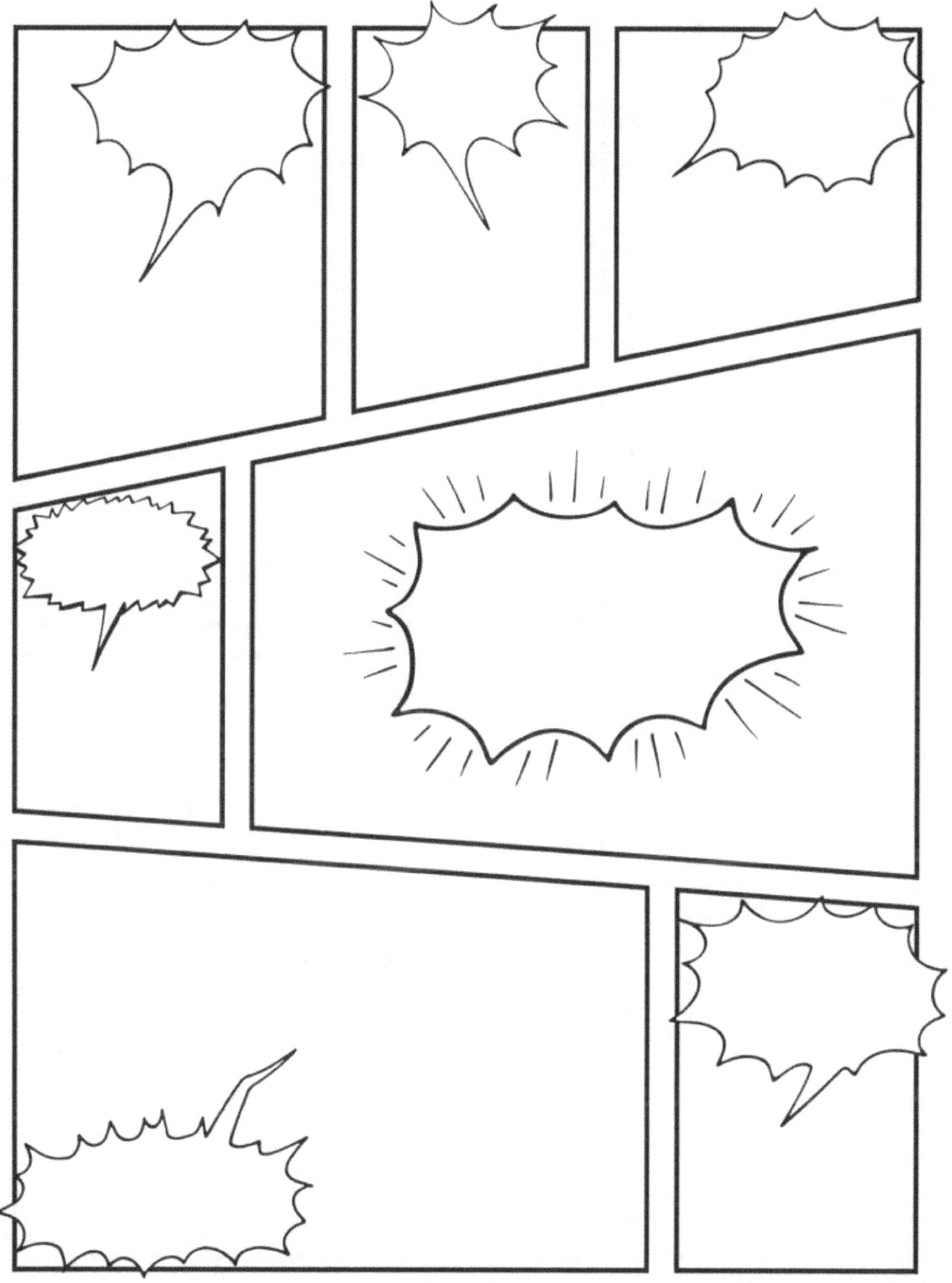

WOW!

?
BOOM